Yuksalish
(SHE'RIY TO'PLAM)

Jo'raboyeva Shahlo Baxtiyor qizi

© Jo'raboyeva Shahlo Baxtiyor qizi
Yuksalish
by: Jo'raboyeva Shahlo Baxtiyor qizi

Edition: June '2024

Publisher:

Taemeer Publications LLC (Michigan, USA / Hyderabad, India)

ISBN 978-93-5872-300-7

© Jo'raboyeva Shahlo Baxtiyor qizi

Book	:	Yuksalish
Author	:	Jo'raboyeva Shahlo Baxtiyor qizi
Publisher	:	Taemeer Publications
Year	:	'2024
Pages	:	24
Title Design	:	*Taemeer Web Design*

Jo'raboyeva Shahlo Baxtiyor qizi. 2005-yil 23 oktyabrda Surxondaryo viloyatining Angor tumanida tug'ilgan.Hozirgi kunda Termiz davlat pedagogika instituti 1-bosqichini a'lo baholarga yakunladi.Shahloning hozirgi kungacha bir qancha gazeta va xalqaro jurnallarda she'rlari chop etilgan. 2023-yilda ,, Yil e'tirofi 2023" tanlovida g'olib bo'lgan. Hozirgi kunda uning she'rlari The Keniya Times xalqaro gazetasida nashr etilyapti. Shuningdek, u institutning fakultet lider, ya'ni yetakchisi ham hisoblanadi.

USTOZLAR
Ziyo tarqatib, charchab tolmaysiz,
Nurli olam sari yo'l boshlaysiz.
Doimo bizga yaxshilik ko'zlaysiz,
Siz aziz ustozlar, aziz ustozlar.

Xayollarim

Dengiz qara,
Bitdi yara.
Ketdi yana,
Xayollarim.

Osmon yiroq,
Keldi firoq.
Ketdi uzoq
Xayollarim

Tubsiz Ummon,
Kelar armon.
Aldar yomon,
Xayollarim.

Yiroq ketar,
Uzoq ketar

Aldab netar
Xayollarim.

ZULFIYA QIZLARIMIZ

Dunyoga ketgan dong'imiz,
O'zbekiston g'ururimiz.
Bilib qo'ying bizlarni,
Zulfiya qizlarimiz.

Boshimizda do'ppimiz,
Yelkamizda orimiz.
She'riyatni ardoqlovchi,
Zulfiya qizlarimiz.

YURAGIMLA SUHBATLASHAMAN

Dardimni aytib tunlari,
Oyga yig'lab boqaman.
Baxtlisan mening armonim deb,
Yuragimla suhbatlashaman.

Izin berishingni so'rab,
Yolvorarman undan ham,
Ketkaz endi tilakdan deb,

Yuragimla suhbatlashaman.

Nega izn berolmaysan?
Bor, endi ket deyolmaysan?
Balki, endi kecholmaysan deb
Yuragimla suhbatlashaman.

Javob berolmas negadir,
Savol berolmas negadir.
Tilib bo'lganku, Axir bag'ir deb,
Yuragimla suhbatlashaman.

Yurak...yurak uravergin,
Davr-u davron suravergin,
To'g'ri yo'ldan boravergin deb,
Endi kimla suhbatlashaman?

YAXSHI-YOMON KUNNI KO'RGANDA

Qayg'ulardan bezdi bu ko'ngil,
Ba'zan g'amgin kezdi bu ko'ngil.
Yuraklarni ezdi bu ko'ngil,
Yaxshi-yomon kunni ko'rganda.

G'am-g'ussaga cho'mgan bu ko'ngil,
Insonlarni ko'mgan bu ko'ngil.
Hayotimiz yozgan bu kóngil,
Yaxshi-yomon kunni ko'rganda.

DO'STIM

Men na oy, na quyosh, na yer, na samo
Quyoshga intizor giyohday o'sdim.

Yolg'izlik hasratin ko'rmadim aslo,
Bor bo'lsang meni ham yodga ol do'stim!

Yolg'izlik hasratin ko'rsatma taqdir,
Yolg'izlik odamga o'limku, axir.
Taqdir ko'p ham qiynama nigohim o'tkir,
Nigohsiz yashamoq juda ham og'ir.

****

Ro'y bermadi biron mo'jiza,
Soat mili aylanar beg'am.

Faqat ozor qoldi yo'l uzra,
G'avg'o qoldi yurakda bir dam.

Suyab turar sinmagan bardosh,
Qotib qolgan nigohim og'ir.
Yerda gullar, samoda quyosh,
Qalbim sen ham quvongin,axir.

Og'ir ko'char baribir kunlar,
Kuchli yong'in ichra yonaman.
Balkim bu dunyoda yonaman,
Balkim bu dardga begonaman.

HAYOT

Nabototda turfa giyoh,
Turfa-turfa qat-qati.
Zarralarda Jon g'animlar,
Turfa-turfa shiddati.

Kimning umri tutab yondi?
Kimdan qoldi alanga?
Qay bir izda qora chiziq?
Kim nur sochdi olamga?

Kim dilozor, kim beozor?
Kimning o'qli sadog'i?
Hayot, bu xil qilmishlarning
Qachon tugar adog'i?

Hayot tekis, goh notekis,
Toshib yotgan ummonday.
Quchog'iga qanchalar Jon,
Kelib-ketar karvonday

NOMSIZ

So'ldi butun ishqim bog'lari,
Hayotimda armon chog'lari.

Sen yonarsan, men o'rtanarman,
Dilda qoldi hijron dog'lari.

YORUG' KUNLAR KELGANIDA

Otang ichsa, ezilmagin,
Yomon kuning sezdirmagin.
Yomon so'zlab bezdirmagin,
Yorug' kunlar kelganida.

Onang senga ko'p vafodor,
Kelganida go'zal dildor.
Tashlab ketib etmagin xor,
Yorug' kunlar kelganida.

Osmon yorug' bo'lar balki,
Do'st-u dushman bilar balki,
Kimlardir or qilar balki
Yorug' kunlar kelganida.

Quyosh ufqda nurin sochar,
To'g'ri yo'lni senga ochar.
Seni ko'rib yovuzlar qochar,
Yorug' kunlar kelganida.

Mayli bo'lsin ko'p sinovlar,
Mayli bo'lsin do'st-u yorlar.
Mayli bo'lsin vafodorlar,
Yorug' kunlar kelganida.

NOMSIZ SHE'R

Sezaman bag'rimda teran bo'shliq bor,
Shamollar uvillab, kezar sar-sari.
Unda kimlarningdir xotiri yashar,
Yotar kimlarningdir sirli izlari.

OXIRIDA YIG'LADIM

Yod bo'lgan alamdan,
Shod bo'lgan dushmandan.
Jim ketgan olamdan,
Oxirida yig'ladim.

Kuygan dilim yig'ladi,
Aytgan so'zim bilmadi.
Nahot barbod ayladi,
Oxirida yig'ladim.

Erta bormi yo'qligini,

Bugun ochmi, to'qligini.
Orzular armonligini,
Bilganimda yig'ladim.

• •

Yulduzlarga boqaman ma'yus,
Lek yoshlanmas munchoq ko'zlarim.
Sizni izlab yuraman hanuz,
Yulduzlarga aylangan, Onam.

Qorasochim, go'zal yuzligim,
Deb qucharmi yulduzlar endi?
Xayolimning bur chekkasida,
O'ynasharmi, yulduzlar endi?

SINGILLARIM

Ba'zida yolg'on-rostlarim bordir,
Sizga aytolmagan so'zlarim bordir.
Sizga hali aytar dardlarim bordir,
Baxtimga omon bo'ling jon singillarim

FARISHTAGINAM

Pulim yo'q dunyo tordir ko'zlarimga,
Orom yo'q, sizdir davo o'ylarimga,

Yo'lim yo'q, qarang ona, yo'llarimga.
Yig'lamang, o'ylamang, farishtaginam.

VATAN UCHUN

Barkamol yoshlar bo'ldik,
Bugun quvonchga to'ldik.

Eng sofdil inson bo'ldik,
Mustaqil vatan uchun.

KETDIM,SENING DUNYOLARINGDAN

Yolg'on so'zlashdan to'ymading,
Dilim o'yishni qo'ymading.
Kimlarni so'ylar so'zlaring,
Ketdim, sening dunyolaringdan.

Oson ishni o'ylar eding,
Faqat pul topish tashvishing.
Egoistsan,yolg'iz o'zing,
Ketdim,sening dunyolaringdan.

Qaysarliging bilar edim,
Faqat sabr tilar edim.

Doim yurak tilar edim,
Ketdim,sening dunyolaringdan.

Sabr nima, bilmas eding,
Yigit orin oʻylamas eding.
Odammisan, sening oʻzing,
Ketdim,sening dunyolaringdan.

TUYGʻULARIM

Samolarda qushdek uchgan,
Yomonlarni koʻrib qochgan.
Qalbimning tubida yotgan,
Eng samimiy tuygʻularim.

Yiroq-yiroq uchib ketding,
Hayolimni barbod etding.
Hayotimni barbod etding,
Eng samimiy tuygʻularim.

NOMSIZ

Johillar bor ekan,
Chekarman dard-ğam.
Qotillar bor ekan,
Zahar nasibam.

Sotqinlar bor ekan,
Tiriklay oʻlgum.
Rasm-u rusmlarsiz,
Qavmsiz koʻmilgum.

Hasadgoʻy bor ekan,
Azobda jonim.
Koʻmadur dunyomni,
Yuragim, qonim.

Makkorlar bor ekan,
Ogʻu tutarman.
Men chidab bariga,
Yashab oʻtarman.

YASHASAM

Yuragimga qil sigʻmas,
Yigʻolmasman esimni.
Dardlarim tilga sigʻmas,
Sogʻinib ketdi seni.

Xayollarim qayga borib,
Qaylardadir adashdi.
Xavotirlar dilni yorib,

Devona deb atashdi.

Mayli edi, aqlim toqat,
Qafasiga yashirsam.
Devonalar ishqida faqat,
Yurak bilan yashasam.

KITOB

Kitob mening do'stimsan,
Hamisha nur sochasan.
Biz o'g'il-u qizlarga,
Dunyo sirin ochasan.

SIZNI SOG'INDIM

Yana o'tiribman yo'lingiz poylab,
Achchiq haqiqatim yurakka joylab.
Bugun ketar bo'lsam o'zimni o'ylab,
Onajonim, keling sizni sog'indim.

ONAJONIM

Darvozamning qulfi bo'lgan onajonim,
Dillarimning nuri bo'lgan onajonim.
Hayotim mazmuni sizsiz bu dunyoda,
Topilmasim, tanhoginam, jona-jonim.

OTAJONIM, BUGUN SIZNI SOGʻINYAPMAN

Kelarkan deb meni shom-u sahar kutgan,
Bedor kutib, sogʻinch-alam zahrin yutgan.
Olislarda yuragim deb nolalar chekkan,
Otajonim, bugun sizni sogʻinyapman.

Bedor qilgan nodoningman, yomoningman,
Bu yoʻllarda koʻzlaringiz bedor-u zor.
Otajonim, yana sizni sogʻinyapman.

Bedor qilgan nodoningman, yomoningman,
Kòzingda yosh boʻlib tomgan har oningman.
Har daqiqa, har on kutgan ozoringman,
Otajonim, bugun sizni sogʻinyapman.

MEN QAYTAMAN

Xatim boshida boshladim,
Bugun koʻzlarim yoshladim.
Eng yaxshi kunim esladim,
Ona, hali Men qaytaman.

OTAJONIM

Orzu qilgan to'ylarimiz ko'rmaganim,
Ulg'aytirgan bo'ylarimiz ko'rmaganim.
Shuncha odam kelgan to'yga kelmaganim,
Qo'lim yetmas osmonimsiz, otajonim.

PUSHAYMON

Ham nafratim, ham ayanchim bor,
Yurak ikki dardga mubtalo.
G'amzalar oh bedorku, bekor,
Qayta og'ir bo'ldi bu balo.

Ko'rmay desam ko'zim ko'r emas,
Yurmay desam oyog'im butun
Ammo yurak jo'r emas,
Xayollarga bo'laman tutqun.

Buncha uzur, Buncha ohu-voh,
Pushaymonga qolmadi o'rin.
Agar senda bo'lmasa gunoh,
Bildirmading nega sal avval.

KONSTITUTSIYA

Erkin yashash baxtimiz,
Konstitutsiya faxrimiz.
Ozod-obod vatanda,
Yayrab-yashnab oʻsamiz.

HAZIL SHE'R

Gulnora opa kelibdi,
Bugun oydek toʻlibdi.
Bu yil gullarin ekib,
Eksport ham qilibdi.

YURTIM

Besh tashabbus yaratdi,
Bizlarga e'tibor qaratdi.
Koʻkni bugun yayratdi,
Ozod yurtim sadosi.

BAYROGʻIM

Bayrogʻim hilpira osmonlarda,
Koʻk yuzin quch doim zamonlarda.
Ovozang yoyilsin jahonlarda,

Dong'i ketgan yurt bo'l ummonlarda.

BUVIJONIM

Buvijonim donosiz,
Hammadan ham a'losiz.
Siz dunyoda tanhosiz,
Ollohim suyuklisi.

Nabiralarga boshsiz,
Maslahatgo'y sirdoshsiz.
Yuzga kirib yuringiz,
Ollohim suyuklisi.

AYYOM MUBORAK

Dilingizda iymon bo'lsin,
Qo'lingizda Qur'on bo'lsin.
Hayotni o'rganmoq uchun,
Yo'llaringiz nurga to'lsin.
Aziz vatandoshim sizga
Ayyomlar muborak bo'lsin.

TABASSUM QIL,SEVGILIM

Yonmagan qorlar yonar,
Tushlarim o'ngga do'nar.
Boshimga Humo qo'nar
Tabassum qil, sevgilim.

Tun erib, nahor bo'lar
Qish erib, bahor bo'lar
Zorlar baxti yor bo'lar
Tabssum qil, sevgilim

Fsonalar bo'lar chin
Dostondan chiqar Barchin
Gado kiyar shoh tojin
Tabassum qil, sevgilim

Tol sumbulga aylanur
Tikan gulga aylanur
Tosh bulbulga aylanur
Tabassum qil, sevgilim

Quvonch kelar, oh ketar,
Quyosh kelar, moh ketar.
Sohibi gunoh ketar
Tabassum qil, sevgilim.

Sen kulganda-nur kular,
Eo kular-masrur kular.
Yorug' kunlar ham kelar,
Tabassum qil, sevgilim.

NOMSIZ

Ko'zlarimga yosh berding,
Sabr-u bardosh berding.
Xunob bo'lgan yurakka,
Eng odil darddosh berding

FIROQ

Uchrashganda sir boy bermayin,
Yashirsak ham ko'zlarimizni.
Biroq hamon jo'ralardayin,
Tutdik doim o'zlarimizni.

Urinmaylik endi har qancha
Asl holga qaytolmaymizmi?
Kimdir g'oyib bo'lsa mardlarcha,
Achchiq qilib aytolmaymizmi?

SO'NGGI SO'Z

Men she'rlar bitaman, umrim yetgancha,
Qolganin sizlarga tashlab ketaman.
Hattoki, qabrimda qoqmasdan mijja,
Davomi qani den sizdan kutaman.

Sizlar aslo bo'lmang parvoyi falak,
Umidvor yashaydi mendagi yurak.
She'rlarsiz qolmasin bu nurli olam,
She'rlarsiz g'aribdur har qanday odam.

****

Mashuqam sevgisin agarchi bir dam
Birov ila ko'rsam orada baham
Abadiy uzardim uyidan qadam
Menga zahar bo'lur bol berganda ham

****

QAY YERLARG'A KETDING (G'AZAL)

Kelib ishva-yu nozingla
Aql-u xushimni lol etding
Magarkim, sevarim sensan
Bu dunyoni barbod etding

Hayolim sen ila banddur
Go'zalim, bu kecha-yu tong
Fuzuliydek oshig'ing menman,
Manim aqlim hayron etding.
Mani buncha sarson etib,
Emdi qay yerlarg'a ketding
Ketar yering qay yer erdi?
Ketib niyatingg'a yetding
Mani buncha sarson etub
Endi qay yerlarg'a ketding?

OTAJON,KELARSIZ QACHON?!

Qiyinchilik yeb tashladi
Osongina ko'zim yoshladi
Yuragim ezib g'ashladi
Otajon, kelarsiz qachon?

Borizda qadrlamadik
Yog'izda qadringiz bildik
Yana bir bor amin bo'ldik
Otajon, kelarsiz qachon?

www.ingramcontent.com/pod-product-compliance
Lightning Source LLC
LaVergne TN
LVHW010425070526
838199LV00064B/5430